JN438915

문장시인선 010

민들레 적도

이태복 시집

북랜드

문장시인선 010 민들레 적도

인쇄 | 2016년 9월 25일
발행 | 2016년 9월 30일

지은이 | 이태복
펴낸이 | 장호병
펴낸곳 | 북랜드
06252 서울 강남구 강남대로 320. 1108호(역삼동, 황화빌딩)
대표전화 (02) 732-4574
팩시밀리 (02) 734-4574

등 록 일 | 1999년 11월 11일
등록번호 | 제13-615호
홈페이지 | www.bookland.co.kr
이-메일 | bookland@hanmail.net

편　　집 | 김인옥
영　　업 | 최성진

ISBN 978-89-7787-668-2 03810

값 10,000원

민들레 적도

自序

밤 늦도록
저 홀로 아파도 말하지 못하고

밤 늦도록
저 홀로 듣고도 가슴앓이 하는

상처 입은 영혼이 맹수로 세상에 나올까봐
우리 안에서 맘 달래는 시를 쓴다

껍데기는 골라내고, 순한 단어들만 골라
시를 짓는다

순한 말을 고르는 시인의 손과
마음 문을 지키는 시인의 발은
문지기가 된다, 노래가 되고 그림이 되어
아름다운 마음들이 강물 되는 일

내가 시를 쓰는 일

2016년 8월

지카르티에서

차례

2

3

4

■ 해설

1

그 아침

떠나온 날, 그 아침
정원은 연초록이었다

바람소리 새소리
떠오르는 소리들 참 많았다

일상을 떠나 여행길에서 맞는
그 아침처럼

여행의 한 페이지 인생길 또한
그런 아침
늘 그런 초록이기를

그 아침의 시詩
처럼

오후
— 자바풍경 · 1

고향의 봄 양지 담벼락에서
당사실처럼 간지럽게 귓밥을 긁어주던 어머님
자바의 토담집 평상에서 황혼의 아들을 기다리신다

늙은 소불알처럼 늘어진 망고 열매
누런 야자수가 해어진 적삼으로 긴 팔 드리우고
흰머리가 더 많은 할머니는
손녀 머리채 속 서캐를 가리는
늦은 오후

내 삶도 늦은 오후가 되고
아내가 양장치마를 몸빼바지로 갈아입을 때면
흰머리 가려주는 아내의 무릎에서
나물 먹고, 물 마시고
나른한 색으로 잠드는
행복

촌로

— 자바풍경 · 2

고깔모자에 막대기 하나 들고
뒤뚱대는 오리를 치던 촌로
해 저문 논길 석양을 바라보며
야자수 둥치에 등을 빌린다

꺼지지 않는 화염 므라삐산의 가슴마냥
용암처럼 들끓던 젊은 날의 정열도
꼬깃꼬깃 접어
초야에 묻고 살아온 촌로

세월이 그려낸 주름과
민둥산 잇몸에 송곳니 두 개
갈색 미소가 은빛 수염을 타고
평온히 흘러 대지를
물들인다

오!
자바의 촌로
아름답게 지는 황혼이어라

저녁
— 자바풍경 · 3

자바의 저녁해가 뉘엿뉘엿 져서 땅거미 깔리고
벼이삭을 따던 아낙네들
못 다 떤 수다 아련한 시간

참새 쫓던 허수아비도 시름을 잊는 듯
어깨를 내리고
저녁연기 자욱한 초가지붕 뒤로
므라삐 화산연기 모락모락 피어오른다

마당 망고나무 가지에 퍼덕대며 홰치는 닭들
외양간 염소 반 줌 수염 흔들며 너스레를 떨 때면
대나무 평상엔 커피부북 향기 피어오르고
송곳니 두 개의 촌로 잿빛 석양 바라보며
깊은 상념에 잠긴다

저 멀리 이장댁 가물란 와양 공연에
간드러지는 아낙네 노랫소리, 끄짜삐소리에
가물가물 눈꺼풀이 내리면
자바의 저녁은
또께! 또께!

울음소리로 깊어만 간다.

* 또께 : 열대지방에 서식하는 작은 도마뱀

어느 시골

— 자바풍경 · 4

능선 자락마다
어설픈 이발사가 가위질한 듯한 옥수수밭 사이사이
초록의 벼들이 재잘대며 자라고
두렁 없는 넓은 밭엔
대충대충 꽂은 싱콩나무 잎들이
고사리손 펴기 바쁜 우기

돌아가는 신작로를 따라 조글로joglo 민가는
얼룩진 비늘 기와가 일본무사 투구처럼
용마루 양끝에 삼지창 장신구를 꽂았다

해질녘 자바는
엷은 평온이 연무처럼 깔리고
무념한 촌로의 얼굴엔 덜도 없는 행복이 서려있다
기다리지 않아도
망고 철 두리안 철이 반복되고
촌로는 문자도 숫자도 필요 없어
문명이 뭔지 알 필요도 없다

행복시幸福詩에 목말랐던 이방의 시인은
우기의 자바 시경을 그리려고
부지런히 스마트폰 자판을 누른다

〉

누리기만 하면 되는 축복의 자바 땅
욕심을 생산하는 문명으로 무장한 사람들이
느려서 속 터진다는 자바인들을
시인은 선망의 눈으로 바라보고 있다

* 조글로: 자바의 전통가옥
싱콩: 카사바cassava

전설

— 자바풍경 · 5

작열하는 태양이 지고
가빴던 숨을 고르고서야 고즈넉한 밤
이방인은
자바의 숨결을 느낀다

오! 아름답다
자바의 밤 검푸른 하늘
달무리의 물보라는 은총처럼 내리고

끄짜삐 소리에 무녀는 손끝을 꼬며
물레에 실 뽑듯 대지에서
혼을 불러올린다

가믈란 소리에 고금의 숨결을 춤추게 하고
무녀의 젖은 눈망울은
대지에 이슬로 떨어져
잠자는 원혼들의 한을 달랜다

이기적인 자바의 신들
그제야 안식에 드는구나
아! 자바엔
잠들지 않은 비밀이 있다

땅그랑을 사랑하고

먼 여행을 하고 와서
너를 놓기로 했다

사랑해서 상처를 받았고
상처로 미워한 세월

지쳐서 잊기로 했지만
오랜 미련
버릴 수 없다

먼 여행을 하고 와서
너를 놓기로 했다

긴 여행을 새로이 떠나면서

* 땅그랑Tangerang : 자카르타의 서북쪽해안 도시

저빠라 개구리

넓은 세상 본다고
바다에 나갔다

바다개구리는 없었다
송충이는 솔잎을 먹어야지

비가 오면 개굴개굴
잘못 산 날을 후회하는 개구리
노래를 한다

세상 사람들은
넓은 곳에 살라지만
돌아온 개구리
저빠라가 좋다

저빠라가 좋다

믈라띠 향기

그대 떠난
적도의 별장에
믈라띠 흠뻑 피어있구나

백세 소녀가 되면 잊혀지겠지
그리운 그대의 향기

먼로의 치마폭에 솟구치던 바람처럼
섣달 문풍지 비집으며 떠는 바람처럼
숨가쁜 향기

문고리 당겨 외면해도
밀물처럼 밀려오는 걸
어찌하면 좋을거나

계절 없이 피고 지는
믈라띠, 너를

* 믈라띠melati : 쟈스민꽃

뿌쭉 메라

마그마 같이 가슴에 묻힌 의분이
분노로 터질 듯도 하더니만, 승화된 사랑
날마다 꽃처럼 피는
열정이 아름답습니다

꽃은 피었다가 시들고
세상은 뱀 허물처럼
벗으면서 추하지만
피고 지고 또 피고
지면서 더 푸르른
당당함이 아름답습니다

열매를 바라는 나무는 아니어도
열매도 없는 그대를
정원에 두고픈 건
끝없는 열정이
아름답기 때문입니다

그대 이름은
빨간 열정이 피어나는
뿌쭉 메라입니다

* 뿌쭉메라pucuk merah: 빨강색 떡잎의 정원수,
라틴명으로 leina syzygium

산꼭대기에 서서

험한 산길 걸어서 꼭대기 오르면
내려가는 길이 보인다

아래 산마당
아직 속세를 보지 못한 순박한 아이들
굽이굽이 강물 도는 밀림에 있다

어린 시절
강물따라 떠내려온 유리병 속의 그 편지를
이제야 암호처럼 풀었구나
올라오면서 내가 보낸 편지도
저 아이들이 풀겠지

모르고 올라온 길은 왜 그리 힘들었나
신처럼 내려다 보는 세상은 좋다
내려가고 싶지 않은 신의 자리
알고 내려가는 길도 만만치 않지만
난 가리라

올라오며 머물고 싶던 자리도 지나치고
산마당에 결국은 이르리라
나에겐 올라오는 길을 알려주는 이 없지만
내 사랑을 아직 모르고 올라오는 이들을
위하여

선인장

차라리 사막에서
고독하게 살리라

상처가 된 세상이 싫어

날 위한다는 순한 간섭이라도
자폐한 내겐 고통이었어

무심코 던진 돌, 무감각한 발길질에
나는 또 연약하게 부서지고
작은 스침에도 고슴도치처럼 공연히
가시발 세웠지

곱지 않은 시선 맞는 화단보다
홀로 된 사막이 좋아

이슬 먹고 자라는 꿈이 있단다
장미보다 아름다운 꽃
피우는

야자수

멋쟁이 야자수는 한 줄로 자란다

오로지 하늘만 보고

야자수는 모두 버린다, 그래서

야자수는 주기만 한다

팔 없는 레나 마리아가 노래를 한다

고독해도 주기만 하는

야자수처럼

야자수와 소나무

바람이 불어도
무거운 몸 일렁일 뿐

바람이 불어도
스치는 소리만 낼 뿐

한 줄기 새싹이 나면
한 가지 내어주고

돌 크듯 자란다

폭풍한설 찬 서리에도
옷을 벗지 않고
하늘만 향해 독야청청

적도의 야자수와
북반구의 소나무

동량이 되는 꿈을 꾸리라

이토록 내 마음을 매어놓는가

샌프란시스코
인디언의 혼이 담긴
그곳에 가고 싶다

달빛 시린 해변
시월의 밤

어머니의 자궁처럼
산천에 배어있는
아련한 인디언의 숨결

이토록 내 마음을 매어놓는가?
유리파편처럼 박힌 잔영들

부서진 물결조각을 주워
내 검은 눈물 만지면
옛이야기 흐른다

창窓의 괘卦

사방이 열면 창이지만 닫혀 있고
그 가운데 얼어붙은 마음이 있다

서쪽에는 사막, 동쪽에는 강
남과 북엔 바다와 산
박힌 모니터에
나만 위해 수많은 창을 여는 세상

껍질을 깨며
창을 열고 밖을 본다

색 없는 창으로 보는 세상
하늘은 푸르고 들판은 평화롭다

창의 괘를 열면
세상의 사각지대는 없다

별이 되면

내린 비와 눈이 돌아가지 않고
대지를 적시듯
나의 말과 시가
우주에 이슬처럼 내리는 별이 될래요

어느 산골 초가 방 한 켠
돌가루 종이에 내 시 한 편 붙여진다면
내 어린 날
릴케의 '가을날'과 푸쉬킨
결코 노여워하거나 슬퍼하지 말라 했듯
초롱초롱한 소녀의 눈에 블랙홀처럼 빨려들어
마음에 빛나는 별이 되어도 좋으리

청솔가지에 흰 눈 내리고
선인장 꽃잎에 이슬이 내리는
까만 밤의 별빛이 되고 싶어요

황무지 별밤에 이슬로 자란 샤론의 꽃이 내게 향기이듯
깊은 밤에는
별이 되고 싶은
나의 시詩

한 점의 바람이 되더라도

적도에 서면
살아서 숨만 쉬어도
두 팔을 벌려 푸르름을 자랑하고

팔이 부러질 듯 늘어진 람부딴
강렬한 붉은 열대 색조로 터질 듯하다가
아침 식탁에서 기쁨이 된다

이 꽃 저 꽃에서
꿀을 모으는 적도의 벌들
새들은 하루 종일 가지를 오가며
노래를 불러댄다

하루 세 끼 먹고 놀아도 되는 사람들

손길을 기다리는 이
한 점의 바람이 되더라도 자연처럼
누구에게
축복이 되고 싶다

쉰다섯, 잠에서 깨어

새벽을 맞는다
눈을 뜨고 보는 세상
서정주 시인의 국화 옆에서 들리는 소쩍새처럼
일찍 눈 뜬 한 마리 새가
작고 분명한 소리로
반복해서 아침을 깨우고 있다
일상처럼 눈을 뜨지만
조금은 무거운 마음
내려놓기에 부족한 부분들
흠집난 시간을
차분하게
새벽공기가 메운다

민들레 적도

뜨겁다는 것은
아물아물 피던 자카르타 감성마저도
아스팔트 콜타르처럼 허물어뜨린다
열병에 초점마저 흐려진 눈
당신까지도 흐려지나 싶었는데, 그때
민들레를 만났다

스무 해를 넘기니
그렇게도 가슴 들뜨게 하던 석양의 야자수마저
속 빈 대궁처럼 멍하니 서 있는 무심한 화석이 되어
일상으로 지나치는 사이, 사이에
민들레가 피어있었다

생의 긴 숨 돌리려
벌러덩 모래베개 해변에 누워
진청색 실루엣 하늘을 본다, 이때
민들레 날아오른다

드문드문 하얀 유성
딱성냥 긋듯 피시식 사라지고
바람에 출렁이는 야자수 그립다는 파랑 일면
고향집 느티나무 아래 이웃 모이듯

바틱의 남국색으로 갈아입은 얼굴들은
반짝이는 민들레가 된다

하늘 구석구석에 박혀
어느새 별빛처럼
마른 가슴팍에 뿌리내린다

달팽이의 길

참회하는 마음
눈을 감으면
분노했던 마음 뒷편에
고마웠던 기억들이 별처럼 반짝인다

오늘은 바람 한 점 없고
사방이 높은 담
희망의 창마저 손이 닫지 않은 곳에 철책으로
막혀있다 퇴적된 먼지들
기침만 해도 폐병이 걸릴 듯한
칼 쓴 감옥 같은 세월이 길어지고
눈물이 말라
하늘의 구름이 된다

사랑하지 못해 미움만 배운 어리석음
죄짐을 지고 길이 없다고
괴로워 하지마라
기도하며 기다리라
하늘은 더 아파 울어 은혜의 비를 내리리니
먼지 쌓인 곳에
빗물이 모여
낮은 데로 가는 물길이 생기리니

그것이 길인 것을

어제는
어이 남이 닦은 길을 쉬이 가려 했을까
황야의 길이라도
달팽이 사막 가듯 길을 가리라

2

커피부북

바닥까지 눌어붙은
생의 누룽지를 끓인 듯

진하지 않은 향기지만
머그컵 가득히

잘나지 않은
아버지 향기를 우려냈다

* 커피부북 : 가루커피, 커피생두에 쌀, 옥수수 등 곡물을 함께 볶은 후 갈아서 마시는 인도네시아 전통 방식의 커피

남국의 한가위

고국은 멀어도
달은 더 가깝다

그리운 고향

마음은 두둥실
보름달로 떠오르고

야자수에 걸린 달이
양푼이보다 크다

주렁주렁 달린 야자
어머니 젖가슴처럼
그 품이 그리운데

오늘은
남국의 보름달이
시립기만 하다

자카르타의 붉은 달

추석이 가까웠습니다
들에는 벼가 익었습니다
감도 익어갑니다
"몇 밤만 자면 추석이야?"
이렇게 가슴에 남아 있습니다
초등학교 국어책이 생각납니다

자카르타에서 맞는 추석, 20년 전만 해도 전화가 없었습니다 한 달씩 걸려 고국의 친지들과 편지를 주고받다가 추석만 되면 시내 와르텔 앞이 장사진, 고국의 부모님께 전화를 합니다

"어무이요! 보고 싶심더. 잘 있습니껴?"
(내사 잘 있다! 니는 잘 있나? 밥이나 잘 묵나?)
"걱정 마이소. 예! 저는 잘 있어예!"

전화통 붙잡고 눈물 콧물 흘리고 부스 나오면 뒤따라 들어가 또 한바탕, 자카르타의 그리움에 한 맺힌 한가위 풍속도도 이제는 많이도 변했습니다만. 타향살이 애환은 예나 지금이나 변함없는 걸 어이합니까? 스마트폰에 SNS시대, 이삼십 년 전, 우리네 선배님들보다는 낫지만 타국에 산다는 것, 외롭기에 떡 하나라도 나누고 막

걸리 대신 맥주라도 합니다

추석 하루만이라도 모든 것 내려놓고 송학에 달은 아니더라도 야자수에 걸린 붉은 달 쳐다보며 이국의 낭만으로 대신합니다

어느 이방 칠순 할배 이야기

할마시 저세상 간 지 오래고 자식에게 누가 될까봐 평생 쟁이 이력 하나 갖고 낯선 이방 땅에서 밥벌이하고 있다 실직이 두려워 노심초사 직원 다 퇴근해야 공장을 나선다 식당 들러 소주 한 잔 하고 늦은 밤 텅 빈 집 관 속으로 들어가는 것 같아 현관문 열쇠 꽂기가 두렵다

돈 못 버는 마음 착한 할부지 설 명절인 오늘따라 부슬부슬 비마저 오는데 돌아가신 할마시 생각나 챙겨온 소주와 족발을 영정사진 앞에 두려다 누렁이집 앞에 자리를 폈다 누렁이는 할배에게 입 맞추고 핥고 자식보다 나은 누렁이 한 집에 살아야 가족이제 오냐! 오냐! 내 새끼

쓴 소주 한 잔 털어 넣고 족발 부러뜨려 내 한 번 빨고 네 한 번 빨고 소주 한 잔 권하고 넋두리하다 얼그레 하늘 바라보니 우기의 먹구름만 잔뜩 끼어 별빛 속에 웃어주던 할마시 당신마저 볼 수 없다 할멈! 할멈 어이해 불러 가지도 않소? 넋두리하다 허허허허

누렁아 그만 자자 내일 아침은 일식에 일찬 된장찌개랑 밥만 먹는다

* 할마시 : 경상도 방언

밀림의 연못

하늘이 시리도록
파랗습니다

소금쟁이 동그라미 그리는 연못에
개구리밥이 발레하듯 다리를 뻗어
소금쟁이가 그리는 둥근 리듬에 맞춰
왈츠를 춥니다

아쿠아만큼이나 투명한 빨간색
파란색 속보이는 열대 치어들이 떼 지어 다니고
벌새들이 이 꽃, 저 꽃 바쁘게 다니며
밀어를 훔치는
아름다운 연못입니다

아침에 사슴이
얼굴 맞대고 화장하고 갔습니다

나
그대 마음에 아름다운
거울이고 싶습니다

귀향

녹녹치 않은 길
무지와 오만 가득한 아집을 따라
고난을 자청한 길

인생 사흘길 되려나
쉰다섯 해
구불구불 비틀비틀
이제 내려가야 할 나이
돌아보면 아련하다

하루쯤은 남은 인생길
그 얼마나 멀기나 할지

뉘엿뉘엿 석양이 지고
속세의 먼지 뒤집어쓰고야
신의 뜻을 알 듯하는 아둔함

젖과 꿀이 준비된 가나안 집으로 가는 길목
모든 것이 흐트러진 후에

무거운 짐, 주께 맡기고

엄마 등에 업힌 애기처럼
귓속말로 길 물으며
그렇게 살리라

수탉

높은 산은
어둠 속에 선 채로
구름 한 점 바람 한 점 없는
든든한 새벽의 배경이 된다

베개를 사이에 두고
사랑하는 이
옆에서 새우잠을 자고, 창 밖엔
아직 별이 총총히 빛난다

숨소리 아끼며
기도한다 어둠이 지나가기를

새들의 합창으로 아침이 오면
활짝 웃는 꽃들
보리라

부부여행

아담과 이브처럼
한 배를 타고
인생의 새로움을 찾아 에덴을 떠난다

새로움은 다름이다

다름과 다름 사이는
거룩한 곳

부부의 다름 사이는
하나님도 비켜 보셨다

부부의 여행은
서로가 다름을 알아가는

아름다운
긴 여행이다

사는 맛이 새롭다

아침에 일어나면
해가 떠 있어
해처럼 웃을 수 있어 좋다

가끔은
구름이 끼어
대신 찌푸려주어 고맙다

매콤한 달래
향긋한 냉이
쌉쌀한 씀바귀
풋풋한 가지
잘 익은 깻잎
달콤한 무말랭이
날마다 새로운 밥상을 차리는 계절이
고맙다

사는 맛이 새롭다
때론 생파처럼

곁은 사람의 향기 싫어서 멀리
갔다가도 슬며시 그리워지는 세월은
미운 정도 고맙다

사는 맛이 새롭다

아내가 있어 행복한 아침

조잘조잘 행복주머니가 터졌다 시끌벅적 새소리에 잠을 깬다 벌써 중천인가? 살짝 따가운 당사실 같은 햇살이 온 방을 가득 채웠다 이불에 감긴 채 햇살에 쏘인 아내는 실눈을 떴다 콧날에 흘러내리는 음표들 귀는 미소가 사인sign된 입꼬리를 당기고 기지개를 켰다 하얀 팔이 만세를 부르며 하프의 현을 만들었다 티 없는 얼굴 호접난의 화사함이 무색하다

쉬-잇! 조잘대는 새들의 볼륨을 줄여보지만 저희들의 기쁨에 젖어있다 아하! 차라리 바이올린을 들어 저들과 함께 아내를 위한 합주나 할까? 어젯밤 폭풍우에 씻긴 때깔낸 야자수 뒤로 늦잠 든 바다를 지키는 하늘이 청명하다

야호! 코끝으로 스며오는 재스민 향기 행복이 쓰나미처럼 밀려오는 아침 오늘은 게을러도 좋겠다 일어나지 말 걸 그랬지 아내에게 팔베개 걸고 햇살 가득한 아침에는 아내의 귓불에 입술을 대고 당신을 사랑한다 말하고 싶다

양파의 진실

벗겨야 할지
말아야 할지

그대도
양파입니다

그대
그냥

그대이기에
좋습니다

꽃밭에 여우비

새들이 꽃밭에 논다
조잘거리는 입방아

꽃들이 상처를 입는다
새들의 작은 발톱에도
상처를 입는 마음

눈물 흘리는 꽃을 바라보던 구름
울기라도 한 듯
눈물이
빗물에 묻혀버렸다

꽃밭에 내리는 여우비
눈물이 보이지 않아 다행이다

해님이 먼저 웃고 있다

어머니의 자수

스물여덟에
지아비를 떠나보내고
사립문 열고 나가
새하얀 서리 밟고
서 있던 날
몇 날이던가

달빛 시린 강가에
고무신 벗고 싶건만
머리맡에 새근새근
눈에 밟히는 피붙이들

수틀을 든다
골무도 끼지 않고
손가락 찔려가며
열여덟에 수놓던
송학과 달
한 땀 한 땀
눈물자욱 메우며

세월을 놓아간다

영희의 안경

새 안경을 쓴 영희를 만나고 왔다
예전보다 더 잘 보인다고 했다

아픈 속을 들키고 말았다
기어코 날 울리고 말았지만

맘속 응어리가 눈물에 녹아 후련하다

나이가 들어 안경을 쓰는 건
마음의 동공이 커지는 것

조금 더 늙어 안경을 쓰면
그대 마음도
내게 들키겠지

적도의 봉선화

징용 간 지아비 무고를 빌며
친정 엄마 정화수 놓고 빌던 장독대에 피던
꽃

한 많은 이국땅 화장터에서
지아비 관 위에 봉선화를 뿌립니다

나 없이 못 산다 하시더니만
어떻게 기다리려 먼저 가셨수
삼남매 방 창밖에 봉선화 심겠습니다

행여 잔바람 하늘거리면
가신 님의 손짓이라
그리 알지요

적도의 성탄

슬라맛 하리 나딸Selamat hari natal
백화점 앞 야자수엔 주렁주렁 엘이디LED등이 요란하다
올해도 성탄의 아기 예수를 백화점에 모시는가 보다

나 어릴 때, 사탕 열 개 받으러 오리 길 눈길 걸어 교회 갔었지 벙어리장갑에 챙겨와 네 개는 부모님 드리고 육남매가 이불 하나에 열 두 다리 밀어 넣고 사탕 나누던 겨울 윗목 놋주발엔 숭늉이 얼어도 북극에는 에스키모가 얼음집 지어 놓고 살고 있다는 누님이야기 들으면 스펀지처럼 아프게 마음에 스몄던 민망히 여기는 마음 넉넉했던 고향

스마트폰 선물로 받고도 최신형이 아니라고 투덜대는 아이들 슈퍼맨 아빠는 애기 엄마 달래기 바쁘고 아이들 마음 같은 딱딱한 대리석 바닥엔 흘러넘친 음료수들이 흥건하다 누나들이 걸레로 훔쳐낸다 마음에 무엇이 스미고 있을까?

초가교회 호야불에 반짝이던 성탄 소나무의 금박별

지금은 마음속에 묻힌 별이 되어
진청색 야자수 실루엣 하늘에 반짝이고 있다

* 슬라맛 하리 나딸Selamat hari natal : 메리 크리스마스의 인도네시아어

바따비아 우정

멘땡의 까페, 올드팝에 밤이 익어가고
숨배숨배 도는 빈땅비르
굽이 돌면 또 굽이 세월에 엮어온 이야기
풀어도 풀어도 끝없는 보따리
한 잔만 더 하자는 벗의 정에 취한다

창 밖에 주절주절 밤비 내리고
구아바 속처럼 익어가는 우정
행복을 합창하려나
카페 정원에서 비를 맞으며 잠이 든 꽃들을 깨운다

자신만의 당당한 색 극락조화
내리는 비
한 방울도 젖지 않고
밤에도 웃고 있다
슬픔에도 젖지 않고 당당함을 노래하는
옛 벗의 우정처럼

* 바따비아Batavia: 자카르타의 옛 이름
멘땡Menteng:자카르타에 위치한 카페거리
빈땅 비르bintang bir : 인도네시아의 대표 맥주
구아바guava : 물레나물과의 관목으로 아메리카 열대지방이 원산지, 열매는 오렌지의 5배 이상 신맛이 나며 자연의 감기치료약으로 효능이 있다고 한다. 젤리 · 잼의 원료로도 쓰임.

적도의 어버이날

꽃 피는 봄
매미 우는 여름
낙엽 지는 가을
눈 내리는 겨울

자궁 같은 고국산천에서
당신은 생을 바쳤습니다

팔순의 적도는
낯설고 물 설고 말 설고 맘까지 설죠?
야자수 위로 달 뜰 적엔
무슨 생각 그리 많으세요

손주를 안고 당신 앞에 앉습니다
받은 사랑 다 돌릴 수 없네요
다시 태어난다면
당신의 어머니로 태어나고 싶습니다

오래 오래 사세요
건강하세요

정전停電

인터넷 시대의 밤
전파의 거미줄에 영혼이 걸린 듯
코드에 맞는 사이버 창만 열고
마약을 마신 듯 놀다가
텔레비전도 꺼지고
인터넷도 불통이 되어서야
벌집을 건드린 듯
하루살이 불나방이 모이듯
혼비백산 방에서 나와
텅 빈 마음들이 촛불 앞에 모였다

시간은 멈추고
적도에 없는 적막이 생기면
바람소리 쓰르라미 멀리 뱃고동 소리
이제야 볼륨을 높여온다
비까지 주절주절 내리는 밤
둥글레차 끓이면
차 맛보다 진한 정이 마블링 되어 찻잔에 스미고
실눈 뜨듯 마음 문이 열린다

말소리로 정을 우려내나 보다
차 한 잔에 마음을 담아 주고받으면

오감으로 느끼는 가족의 정이
손끝의 따뜻한 찻잔에서
가슴으로 옮겨온다

깜보자 사랑법 1

양귀비마냥 귀족 같지도 않은데
벼이삭 따는 소녀들 까만 머리 위에서
깔깔대며 웃기도 하고
침상 조명 아래서
목마른 연인들의 사랑놀이 지켜보며
가슴 두근거리며 공연히 얼굴 붉히고

공항 마중 나와
파란 눈, 갈색 눈 목에 매달리어
설레이며 방문하는 손님도 맞이하고
신들의 제단에 가엾은 천덕꾸러기인 줄 알았더니
주절주절 신들을 달래어
인간들에게 복을 얻어낸다

망자는 말없이 한이 맺혀 누웠는데
원혼들의 마음을 풀어
무덤에도 피는구나

적도의 순정이 꽃으로 피어난 당신
신과 인간 속에서 오지랖 넓은 발리 꽃순이
사랑의 열정, 고귀한 순결로
바람 따라 피는 꽃

당신은 꽃 중의 꽃
발리 깜보자

깜보자 사랑법 2

누가 상처를 주더라도
남에게 상처가 되지 않으리

무덤에 피는 깜보자
묻힌 아픔

하얀 꽃으로
피웠구나

햇살이 가득한 아침

햇살이 가득한 아침에 두 팔을 벌린 품으로는 다 못 받을 은혜지만 행복한 가슴을 펴며 눈을 뜬다 우기가 끝나고 아직은 열기 없는 햇살만 쏟아지는 적도의 아침 소한 대한 우수 경칩 순서로 계절마다 절기를 세고야 봄을 맞는 북반구와 다르게 전쟁 같은 우기가 끝나면 사진관의 먹구름 뒤덮인 백그라운드 같은 장면을 둘둘 말아 내고 하얀 조각구름 몇 점 띄운 가을하늘보다 더 높고 푸른 무지의 그림을 건다

핀 조명보다 밝은 햇살이 멀리 에메랄드빛 바다 속까지 작살처럼 내리꽂힌다 원시녀의 고쟁이 속 비추듯 훤히 비추고 오색 새들은 고막이 터져라 떼 지어 조잘대며 이 나무, 저 나무를 옮기며 수다를 떤다 산들바람에 야자수가 일렁이며 춤추기 시작하고 고개 숙였던 깜보자꽃도 입이 찢어져라 해맑다 조물주는 오늘 아침 대자연을 동원해 자연의 소리로 오케스트라를 연주하며 향연을 벌이고 있는가 보다 마음의 근심이나 장막을 걷어내고 오늘 같은 날은 조물주가 들려주는 향연 행복의 소리를 들어보자

회룡포

낙동강 굽이굽이 칠백리 길 돌아가는
대장부 떠난 먼 길 대해에 이르리라

선비의 품새로다 한 굽이 더 돌면
새 벗 만날 삼강인데 시 한 수 읊으려나
도포자락 휘감아 비룡 앞에 앉는도다

푸른 산 파란 하늘 시린 달과 빨간 태양
군사부의 자비로 병풍 되어 드리우고
자웅 백로 고고히 좌우로 나는데
장안사 풍경소리 속세를 잊게 한다

아희야 좋은 시절 주안상 차려오렴
풍운의 꿈 가는 길에 시나 한 수 읊자구나
쉬어가는 인생길 어쩔 여유 없겠느냐?

남국의 선달

어무이요! 잘 있능교?
지는 잘 있어예
보고 싶심더

벌써
내일이 섣달그믐
달력을 넘김니더

야자수에 걸린 달이
쪼맨해졌네예

적도의 달
오늘따라 왜 이리
시리게 느껴지는가예

Desember Negeri Khatulistiwa

Ibu! bagaimana dengan kabarmu?
aku disini selalu baik dan merindukanmu...

Waktu berlalu
Besok akhir bulan Desember,
kalender akan berganti lembaran

Bulan yang menggantung dibawah pohon kelapa,
sudah tampak mengecil

Hai bulan khatulistiwa!!
mengapa hari ini hatiku berasa dingin?

* 인도네시아 어로 번역한 시, 〈남국의 섣달〉

3

흔적 · 1

그대 머물다 간
자리
떨어진 씨 한 톨
싹 트고 자라
담쟁이처럼
상처를
덮었습니다

그대가 남긴 사랑
지워지지 않을
흔적일 것입니다

흔적 · 2

바람이 스쳐간 정원에
깜보자 봉오리
웃음꽃 피웁니다

아쉬움의 손길을 저어보지만
당신은 가버렸습니다

따스한 햇살까지도
흔적인 것을

지난 후에
알아가는 인생입니다

사랑합니다

순례자의 길

갈 길 아득한데
전신의 살이 녹아떨어질 듯
뼈마디 풀어지고
나락에 떨어진 침상의 몸
마음만 건져 올려
에스겔의 환상처럼
마른 뼈가 살아나는
기적을 믿으며
오늘도
순례자는
길을 떠난다

마르따박

어느 은막의 스타가 왕년에도 돈 잘 쓰더니
죽을 때, 전 재산을 고아원에 맡겼다고 한다
꽃은 떨어져도 꽃이다

어느 정치가가 허공에다 돈을 뿌리다 판사 앞에 섰다
무죄를 받았다고 한다
뱀은 허물을 벗어도 뱀이다

마르따박 반죽을 국화빵틀에 굽는다고 국화빵이더냐

어라리 어라리
어라리라라
어라리라라

살아나가세

* 마르따박martabak: 밀가루 반죽에 계란, 대파 등을 양념하여 구운 빵, 인도네시아의 대표적인 거리음식이다

탈춤을 추자

산 사람이면
포커페이스 없다

마음 감출 수 없어
탈 하나 쓴다

나는 양반탈
너는 할미탈

마주 보고 웃는다

마음은 덩실덩실
날리면 되지

휘어이 휘어이
탈춤을 추자

다시, 일어서세요

낮춘 것이 아니라 엎어져서
엉거주춤
네 발이 된 겁니다

제 짐에 무거워
일어설 수 없어서
그냥 주저 엎드린 겁니다

더 낮아질 곳이 없습니다

이제 더 낮아지려면
엎드려 생각하세요

사람이, 짐승이 되어
네 발로 땅을 짚어보고야
짐승이 아닌 줄 알겠지요

그땐 벌떡!
일어서세요

두 발로 뛰고 달리며 이젠
두 팔을 들어 당신을 있게 한 이를
노래하세요

그 곳에 살게 하소서

주여!
그 곳에 살게 하소서

꿈이 있고 비전이 있는 곳
사랑이 있어 공감하고 소통하고 섬김이 있고 나눔이 있는 곳

작은 짐승이 깃털을 부비며 눈을 마주하고 기쁠 때 같이 웃고 슬플 때 같이 울고
눈물을 닦아주는 따뜻한 체온이 있는 곳

그 곳에 살게 하소서
그 곳에는 뱀처럼 똬리 튼 사욕이 없게 하시고 콩 한 쪽이면 둘로 나눠먹고 나눔이 넘쳐서 샘처럼 퍼낼 줄 아는 기쁨이 솟게 하시고 마음이 넘치는 자나 물질이 넘치는 자가 모여 마음을 나누고 물질을 나누는 그런 곳이 되게 하소서

천국 같은 그곳에 회복된 에덴을 짓게 하소서
거기에 살게 하소서

멋대로 살아라

피카소는 자전거 안장에서 황소머리를 보았고
국화 옆에서 서정주는 시를 보았다

네 안에 멋이 있다
멋대로 살아라

데미안의 알은 부화하고 있지
에디슨의 뜨거운 품에서

누에의 부활

먹고 싸고 자고
먹고 싸고 자고
아기처럼 자라면서
누에는 허물을 벗을 줄 안다
누에 같은 삶이 늙으면 끝이런가?

생애 마지막 몸부림
자신을 하나하나 버려
사랑하는 집을 짓는다
나를 가두는 아름다운 감옥
평생 살아온 생이 헛될까
이기심과 욕망 모두 가두고
그렇게 죽는다

죽고서야 얻는
자유

나비로 부활한다

누가?

고장난 샤워기 꼭지
누가 갈아 놓았다

질질 새며 방황하는 마음을 고친 듯
힘찬 물줄기가 쏟아져내린다
감사와 행복
물 되어 온 몸을 감싸 흘러내린다

개운한 몸 상쾌한 아침
작은 감사, 큰 행복

누가?
꼭지를 갈았을까
이 집을 주었을까
이 세상을 주었을까
나를 세상에 보냈을까?

누가?

깡통

꽁치통조림
빈 통을 깡통이라 부른다

복숭아통조림
빈 통을 깡통이라 부른다

담겼다 빈 것은 깡통이다

사람이 빈 것도 깡통이라 부른다

신은 인간이 태어날 때 달란트를 담아준다

화병에서 꽃을 버리면 누가 깡통이라 하겠는가

사람이 저의 것을 버리니

깡통이다

너의 삶을 살아라

내일이면 돌아갈
휴양지의 밤

들소 한 쌍
파란하늘 넓은 들판 풀을 뜯다가
처마 밑에 잠이 들고

왜가리 떼들
늪에 노닐다가 나뭇가지에 잠이든다

개똥벌레 한 쌍이
들소 배설물에서 먹이를 찾고 노닐다
포개어 자고

세상을 다 못 거머쥔 사장님 사모님
진주목걸이 벗지 못한 채 휴양지 침대 크리스탈 등 아래
잠 못 드는 밤

사모님 운전수 나시고렝,
떼 마니스 한 잔에 넉넉하여
야자수 아래 벤츠에서 잠든 별밤이다

* 나시고렝 : 인도네시아식 볶음밥
* 떼 마니스 : 홍차를 우려내서 달게 마시는 가장 대중적인 음료

루왁 커피 · 1

굶주린 배를 채우고
똥구멍이 찢어져라 내지른
배설의 아픔들을, 씨브랄! 나는
채워도
채워도
채워지지 않는
벌거벗은 임금님의 허영
금잔의 커피에 애써 의미를 부여한들
한 모금 입가심으로
목마른 영혼
채울 수 있을까

루왁 커피 · 2

껍데기를 벗긴 커피콩 안에
또, 껍데기가 있다

껍데기 투성이로 미혹하는 세상
'껍데기는 가라' 지만
껍데기 없는 알맹이는 없어서

세상의 껍데기
벗겨야 할지 말아야 할지

루왁 고양이
껍데기로 배를 채우고
아픔으로 내지른 배설물이
향기의 일품으로 빛나고 있다

알맹이의 향기
남겨진 껍질, 그리고

아침햇살

달팽이 사막을 가듯
팍팍한 일상

골짜기에 빠진 육체
전신의 뼈마디가 풀어지고
영혼마저 연기 빠지듯 이완을 시작하는
긴 밤의 끝자락

어둠을 가른 은총의 아침햇살이
지친 당신을 깨운다

아! 신이여
오늘 하루도 기도하며
순례자의 길 떠나겠습니다

하늘나라 정원사

당신이 뿌린
의미 있는 말 한마디가
마음에 꼭 떨어져 싹이 났구요

당신이 던진
배려의 말 한마디가
힘이 되어 자랐습니다

당신이 건넨
칭찬 때문에
기쁨으로 꽃을 피웠구요

당신이 건넨
격려 한마디
인내로 열매를 맺었습니다

당신은 내게 감사한 사람이구요
당신의 주인도 당신을 알고 있어요
주인이 얼마나 기쁘겠어요?

당신은 진정한 하늘나라
정원사입니다

4

섬집 풍경

창문 밖 산들바람에
야자수 춤추고

밤새 출렁이던 파도
잠든 시간
흰 돛단배 한가롭다

파리 한 마리
비올라 선율로 귓전을 간질이는
한낮

시름 달래던 엄마는
해먹과 졸고
아가는 소르록
잠이 들었다

사산도sasando의 전설

세상에 내려왔네
천상의 소리를 가지고
어부 상구아나는 오늘도 바다를 노래한다

아으!
이루지 못할 공주와의 사랑은
왕비의 역겨운 음모 게워내지 못하고
임을 두고 비명에 천상으로 간다

선혈로 나뒹굴어진 사산도
유유한 다나의 강물
한 오백년을 피 되어 흐른다

열 손가락으로 뜯어
아프지 않은 곳 어딜까?
서른두 갈래 찢어진 어부의 마음

누구를 위해 울어야 하나
온 세상 아픔을 누가
대신 울어줄까

* 사산도sasando: 대나무 원통에 서른두 개의 줄을 고정시켜 연주하는 인도네시아 플로레스 지역의 전통 현악기

다나우 토바의 기도문

주여!
당신은
넓디넓은 가슴으로
사모시르를 품으셨습니다

안개 같은 자비로움으로
날마다 수면에 운행하시니
변죽 울리시는 시나봉의 경고가 없었으면
노아 때처럼 인간은 또 한 번
오만할 뻔했습니다

썩어가는 세태에 가끔은 파도에서 술렁이는
당신을 보면서 겸손하게 무릎을 꿇습니다

더 낮아지겠습니다

빠라빳에서 느껴보는 당신의 강 같은 평화
통깅에서 느껴보는 폭포 같은 기쁨
시말렘 정상에서 헤아리지 못하는 당신의 위대함에

그저 당신
당신을 경외합니다

* 다나우 토바Danau Toba: 인도네시아 수마트라 북쪽, 해발 920미터 지점에 화산활동으로 생겨난 칼데라 호수이다. 남북의 거리가 100㎞가 넘으며, 호수 중앙에 있는 길이 약 50㎞, 너비 약 15㎞의 사모시르 섬이 있다. 최고 수심이 450m로 세계에서 가장 깊은 호수로 알려져 있다.

길리 찾기

금단의 열매, 유혹이 남아 있는
또 다른 에덴의 볼퉁이 섬

쪽빛 바다에 발을 담그고
진주 이야기로 만끽한
길리섬의 짧은 만남

젊은 날의 정열을
석양에 태우며
야자수 아래 서노라면

화려한 지난날은 어둠에 묻히고
하늘에 별이 하나 둘 등처럼 켜지고 있다

어느 별이 나의 별일까
이름표를 준비하고
쪼그리고 앉아

나의 별을 찾고 있다

* 길리Gili : 인도네시아 롬복에 있는 부속섬, 휴양지로 유명하다

롬복에서

린자니 산자락 따라
신의 은총 흐르고
펼쳐진 꽃들은 교태스런 치마
오색 물들인 신부의 섬에
바다는
영롱한 진주로 수를 놓습니다
이름 모를 새들이 아침이면 찾아와
늘 푸른 이야기 떨어뜨리면
이방의 섬 시인,
롬복 이야기로 엮어갑니다
당신의 이야기를 훔치다
사랑에 빠졌습니다
당신은 사랑도둑, 나도
당신의 사랑을
사랑합니다

마두라 유전油田

사랑 찾아 이역만리
자바의 에메랄드빛 바다에 눈길도 안주고
터질 듯 한가슴으로 달려온 마두라
짝사랑에 눈물 흘린 사내들이 몇이던가

어느 사내가 먼저
그대 가슴에 손을 댔구나
스멀스멀 암캐마냥 끓어오르는 욕정
해가 져도 식을 줄 모르는 그대 가슴 위로
가스레인지 같은 불이 올라오고 있다

또 한 사내
사랑에 울고 있다

나 오늘은
떨리는 마음으로 그대 품에 안기리라
그대 품에서 순정을 잃을지라도

저빠라 회상

옛날 자갈길 신작로는
문명의 이기심으로 아물대는 아스팔트로 덮이고
농수로 둑으로 주렁주렁
늙은 호박 열린 듯한 남정네들
뒷물 처리하는 풍경에
빨래하는 아낙네들의 수다가 아련하다

스마랑에서 저빠라 가는 길
문명이 배설한 플라스틱 쓰레기 봉지들이
버짐 같은 얼룩으로 떠돌고
까뿍나무 뽑아 버린 들판에는
공장들이 임플란트이빨마냥 박혀있다

자동차들은 도로를 따라
혈관을 누비듯 시골구석을 오가며
적혈구 같은 인심을 잡아먹었는지
시골집 사립문 자리에 우뚝 선 철문, 들여다보니
커피부북 향기마저 갇혀있다

* 까뿍나무 : 케이폭kapok나무, 판야ceiba의 씨앗을 싼 솜; 베개 · 이불 속 · 구명대 등에 넣음

바탐, 경계에 서다

파아란 하늘 열대림을 헤집고 불어오는
싱가포르 해풍

바다새우와 조개들
빠알간 조약돌 사이에 집을 짓고
원시의 이야기가 아직 살아 있는 곳, 바탐

바다 건너엔
시뻘건 눈을 가진 문명이 째려보고
밤바다 야자수 해변은
주렁주렁 떨어지는 별빛을 삼키고 있다

더도 말고 덜도 말고 지금 이대로
문명은 차라리 먼 나라 이야기가 되고
어쩌다 왔다가는
손님이면 좋겠다

* 바탐Batam: 싱가폴과 마주한 인도네시아령의 섬, 관광휴양지로 널리 알려져 있다

므르바브의 여인

므르바브,
당신이 내 마음을 놓지 않아
당신 품에 살고 있습니다
당신에게서 꿈을 잉태했고 낳았습니다
당신의 꿈을 키우는 행복한 여인입니다

당신의 품에는 찬바람 한설이 없고 포근함만 있습니다
당신의 여인으로 살면서 시간을 잊고 나이도 잊었습니다

아침부터 저녁까지 호미질을 하고
당신의 마음에 씨를 뿌립니다
당신의 마음은 뿌린 만큼 돌아옵니다

당신의 여인으로 내 이름 잊었지만
당신의 품에서 날마다 꿈꾸는 게 행복합니다
당신의 마음을 일구고 넓히다가
당신의 품에 영원히 잠들겠습니다

* 므르바브 : 중부 자바에 위치한 산으로 해발 3,150미터로 수려한 경관과 기름진 땅을 갖고 있다

열린 축제, 메단

다나우 토바의 은혜 아래서
메단은 날마다 향연을 벌인다

시편 23편 시냇가의 열매가 빠당에 있고
쿠알라룸푸르는 아름다운 소식을
온 세상에 실어 나른다

그래서 바딱은 당당하고
때로는 세상의 부당함에
핏대를 올릴 만하다

메단이여!
영원토록 노래를 불러라
넘치는 축복의 노래를

* 메단Medan : 수마트라북부의 도시
빠당Padang : 수마트라 서부의 도시
쿠알라룸푸르Kuala Lumpur : 말레이시아의 수도
바딱Batak: 바딱족族, 다혈질의 성격이며, 농경문화, 음식 등 한민족과 유사한 점들이 많다고 알려져 있다

족자카르타에 잠들다

보로부두루의 바람 숭숭한 화산돌
먹처럼 갈아서 빠랑뜨리띠스 해변에 풀어 놓습니다

바다여신의 울렁이는 가슴으로
하늘에다 수묵화를 그렸습니다

진하지 않은 향기가 질리지 않는
족자카르타

그 옛날 누렸던 풍요의 흔적을 더듬으며
말리요보로 풍물점에서 커피 한 잔을 음미합니다

휘황찬란한 조명을 켜고 바틱에 형형색색
현대의 물감으로 물들여보지만
므라삐 화산마저 속을 뒤집어 보인
족자카르타는 고대의 색채에서
자유로울 수 없습니다

오늘밤 뜨거운 당신의 품에 잠들어
꿈속에서 그 옛날이야기 들으렵니다

워노기리 가는 길

워노기리에 들어서면
솔로 평원 바라보는 나지막한 산들
열두 폭 병풍들로 이야기를 두르고 있다

높지 않은 성벽, 솔로 벌판의 끄라톤 왕국
왕자님과 시골 아가씨의 이야기
하얀 속살이 다 드러나고
강낭콩보다 더 짙은 망기스 붉은 색에
눈물이 쏟아진다

가믈란 음악에 묻어둔 와양무늬, 바틱
세상 사람들에게 다 입혀도 남을 이야기를 솔로는
날마다 쏟아내고
떨어진 파편들로 꽃이 된 솔로는
속속들이 알고 있는 눈치다

솔로의 사람들은 사랑밖에 할 줄 몰라
다툼의 선악을 재판할 것이 없는 신들
선남선녀들의 사랑이야기를 질투하지 않는다면
그저 가믈란 와양 공연 밤늦도록 즐기다가
늦잠을 자도 되겠다

* 워노기리Wonogir, 솔로Solo: 중부자바의 도시

와양Wayang : 자바 전통의 그림자 인형극, 인도의 서사시 '라마야나' 와 '마하바라타' 를 소재로 하며, 현대적 요소를 가미한 공연극도 있다

바틱Batik: 인도네시아 전통문양을 염색한 옷감, 인도에서 전래되어 자바에서 발전하였다.

가믈란Gamelan: 두드리다' 의 의미를 가진 가믈란은 악기의 이름이면서 인도네시아 전통 타악 합주곡이다. 악기의 재료와 지역에 따라 다양한 종류의 가믈란이 있다

찌뜨라 라야의 꽃

병든 꽃잎이 고운 빛으로 시들며 얇아지고 있다
짧은 입맞춤으로 건네주는 경건한 한마디
예쁜 꽃입니다
영원히 피세요
천국에서 피는 영생의 꽃임을 알았다

혈관이 어두워지는 만큼
말의 소통이 굳어가고 있다
손발을 주무르던 부인이
북받치는 눈물을 삼키고 있다

꽃은 죽어가며 향기를 품고 있다
생의 마지막 향기를 신께 드리고 있다

두 평생 몫의 다문화
한 평생 반을 두고 간다

꽃잎에 한 방울 눈물이 떨어진다
대갈쿠리 같은 야윈 손이 부인의 진갈색 눈물을 훔친다

조금 먼저 잠드실 뿐이라고
깨어나면 다시 만납시다

성경책 앞에 놓고 목사님처럼 말했다

일과표로 만든 초등생 막내딸의 벽시계
꿈나라 시각 한 시간 전에 멈춰 있다

* 찌뜨라 라야citra raya: 인도네시아 다문화 가정이 많은 지역

찌뜨라 어린이의 꿈

까만 젖꼭지 아래서 고사리손 펴지 못하고
세상을 보았어요

아빠 떠난 흐트러진 둥지에
천둥은 왜 고래고래 소리를 지르고
먹구름은 왜 그리 울었는지

아빠의 친구들이 선물꾸러미 들고 찾아온
파란 하늘 뭉게구름 몽실대는 오늘이
아빠의 나라 어린이날이래요

파란 하늘에 조각구름 하나를 보았어요
조각구름 뒤에서 저희들을 보고 계셨죠?
한 두 방울 떨어지는 빗방울이
아빠의 눈물인 줄 저는 알아요

아빠!
오늘은 꿈을 꿨어요
아빠의 나라엔 철마다 피는 꽃들이 있고
무지개도 있었어요

이만큼 자라 날개가 펴지면
훨훨 날아 아빠의 나라에 갈 거예요
아빠 그 곳에 나의 꿈이 있어요

인도네시아를 그리다

꼬떼까든 힙합바지든 제멋대로 걸치고 퍼질러 앉아 손으로 밥 먹어도 괜찮다
한 손에 돌도끼와 스마트폰을 들고서 캘린더를 안 봐도 괜찮다

인도네시아!
평화는 아름답다는 믿음이 강한 나라
상생의 이념 빤짜실라가 벼릿줄인 나라
색과 색이 어우러져 아름다운 그림을 그려내고
말과 말이 어우러져 오케스트라가 연주되는 나라

이리안자야, 술라웨시, 칼리만탄, 자바 그리고 수마트라
오색무지개를 또 다른 섬들의 색과 함께 팔레트에 짜서 작품을 그려간다

베짝과 벤츠가 거닐며 얘기하고 족자카르타의 말리요보루와 자카르타 수디르만, 플로레스의 이름 모를 시장에서
역사가 우려낸 색깔의 물감을 사서 인도양 대서양 태평양에 풀고

인도네시아

빤짜실라 캔버스에 불멸의 그림을 그린다
동서고금의 화풍이 두드러지고 섬보다 많은 전설이 서린 그림

인도네시아!
용암 같이 흐르는 평화의 거대한 쓰나미
역류는 없다

* 꼬떼까Koteka : 파푸아지방 남자들이 성기를 가리는 도구. 길다란 박껍질로 만든다.

반짜실라Pancasila : 인도네시아 5대 국가 원칙이다. 신앙의 존엄성, 인간의 존엄성, 하나의 인도네시아, 민주정치, 사회정의

❖ 해설

생의 긴 여행, 적도에 뿌리내린 연초록 서정

박윤배(시인)

Ⅰ.

특별한 시가 도착했다. 적도의 나라, 인도네시아에서 해설을 위해 한 묶음의 원고를 보내왔다. 표제 '민들레 적도' 에서부터 이국풍이 느껴진다. 시를 읽기 위해 남다른 준비운동이 필요하겠다. 등산화 끈을 팽팽히 조이는 느낌으로 시를 펼쳐든다. 이태복의 시집에서 전체를 아우를 수 있는 것이 「여행」이다. 분주하기만 했던 생활 속에서 우리는 날개를 펼치듯 여행을 떠난다. 하지만 막상 돌아와 보면 늘 삶의 제자리를 맴돌고 있다. 시인 이태복의 여행이 자못 생생한 것은 떠나는 것과 머무는 것에 대한 경계가 없다는 점이다. 먼 우주적 시각으로 본다면, 인간은 누구나 떠나간다는 삶의 명제를 앞에 두고서 현실 삶의 문제를 해결하며 이겨내는 것이기에 그의 여행도 필연의 날갯짓으로 여겨진다. 그러면서 생의 구릉을 넘어가는 긴 장면을 시로써 그려냈다. 인도네시아에 살면서 만나게 되는 수많은 낯선 풍광들이 '미적 숭고의 체험' 이 되겠고, 반대로 낯선 곳에서 느끼는 '편안함' 과 '서정' 이라는 인류

보편의 정서를 시집 곳곳에다 심어 두었다. 그래서일까? 시집을 읽는 내내 편안하다.

각박한 현실의 삶에도 불구하고 시를 쓰고, 시인이 된다는 것은 어떤 의미의 예술적 행위인가? 시는 모든 예술의 모체이며 폭넓은 상상력이 그 저변 특성으로 이루어지는 문학의 장르가 아닌가? 그렇다면 한 개인에게 시는 삶의 양질성의 욕구를 추구하는 것 은 물론 미래 인류의 희망을 내포하는 어떤 징후가 분명하다. 이태복 시인도 이 물음에 대한 고민을 그의 시집 '自序'를 통해 고백하고 있다.

밤 늦도록
저 홀로 아파도 말하지 못하고

밤 늦도록
저 홀로 듣고도 가슴앓이 하는

상처 입은 영혼이 맹수로 세상에 나올까봐
우리 안에서 맘 달래는 시를 쓴다

껍데기는 골라내고, 순한 단어들만 골라
시를 짓는다

순한 말을 고르는 시인의 손과
마음 문을 지키는 시인의 발은
문지기가 된다, 노래가 되고 그림이 되어
아름다운 마음들이 강물 되는 일

내가 시를 쓰는 일

—「自序」 전문

어느 산골 초가 방 한 켠
돌가루 종이에 내 시 한편 붙여진다면
내 어린 날
릴케의 '가을날' 과 푸쉬킨
결코 노여워하거나 슬퍼하지 말라 했듯
초롱초롱한 소녀의 눈에 블랙홀처럼 빨려 들어
마음에 빛나는 별이 되어도 좋으리

—「별이 되면」에서

시가 언어를 통하여 사물을 정확하게 통찰하고 직관할 때, 시 읽기에는 약간의 통증과 희열이 따라온다. 이는 시적 화자의 반성에 독자가 공감했을 때 가능하다. 화자의 통점을 통과한 시는 독자의 마음속에 스며들어 독자의 아픈 상처를 직접 치유한다. 즉 시인의 통점이 독자의 마음 속 '통점' 에 이른 것이다. 그렇듯 이태복 시인은 타자의 아픔을 아파한다. 그래서 시인은 '밤 늦도록 저 홀로 / 아파도 말하지 못하고' , '밤 늦도록/ 저 홀로 듣고도 가슴앓이 하는' 것이다. 하여 삶의 상처를 치유하는 순한 언어들을 골라 시를 짓게 되는 것이고, 이내 강물이 되고 별이 된다. 마치 '릴케의 가을날' 과 '푸쉬킨' 의 시를 벽에다 그려놓은 그의 전기적 사실처럼 누군가도 '어느 산골 초가 방 한 켠/ 돌가루 종이에 내 시 한편 붙여진다면' 이라고 진솔하게 말 한다. 시를 대하는 그의 마음을 압축미로 잘 그려낸 또 한 편을 보자.

떠나온 날, 그 아침
정원은 연초록이었다

바람소리 새소리
떠오르는 소리들 참 많았다

일상을 떠나 여행길에서 맞는
그 아침처럼

여행의 한 페이지 인생길 또한
그런 아침
늘 그런 초록이기를

그 아침의 시詩
처럼

—「그 아침」 전문

이태복은 약력에서 자카르타 소재 한국문화원에서 '그림 전시회' 를 가졌다고 자신을 소개하고 있다. 이 남다른 이력은 그의 시가 미술을 바탕으로 하고 있음을 알려준다. 미술은 이미지로 표현하는 예술이다. 그런 점에서 시와 많이 닮았다. 시의 이미지가 전부는 아니지만 시는 이미지를 가장 중요한 전달 수단으로 삼는 것이라는 점에서 미술과 친연성이 아주 많다. 연작시 「자바풍경」 외 다수의 시에서 언어를 아끼는 회화성이, 그가 가지고 있는 미술적 표현 역량이 어느 정도의 반열에 올랐음을 반증하고 있다. 여행길의 아침, 연초록 정원에서 그는 바람 소리, 새 소리를 만났다. 그리고 거기에 머물지 않고 떠나면서 시를 남긴다. '생의 긴 여행, 적도에 뿌리내린 연초록 서정' 의 세계로 나선다.

Ⅱ.

늦깎이로 문단에 나온 시인이다. 이태복 시인은 작년, 계간 ≪문장≫ '해외신인특별추천' 부문으로 32회 신인상을 수상하였다. 그때도 필자가 심사평을 하면서, '이국에서 느끼는 외로움과 시 속에 녹아있는 새로운 풍광들이 신선하다' 라고 평한 바 있다. 삼십대 청년이 고국을 떠나 이방의 나라 인도네시아에서 이십여 년을 넘게 보내고서야 모국의 언어로 시를 엮어냈다. 그간의 숱한 감정을 등단작 '민들레 적도' 를 통해 담담히 그려내고 있다.

뜨겁다는 것은
아물 아물 피던 자카르타 감성마저도
아스팔트 콜타르처럼 허물어뜨린다
열병에 초점마저 흐려진 눈
당신까지도 흐려지나 싶었는데, 그때
민들레를 만났다

스무 해를 넘기니
그렇게도 가슴 들뜨게 하던 석양의 야자수마저
속 빈 대궁처럼 멍하니 서 있는 무심한 화석이 되어
일상으로 지나치는 사이, 사이에
민들레가 피어 있었다

생의 긴 숨 돌리려
벌러덩 모래베개 해변에 누워

진청색 실루엣 하늘을 본다, 이때
민들레 날아오른다

드문드문 하얀 유성
딱성냥 긋듯 피시식 사라지고
바람에 술렁이는 야자수 그립다는 파랑 일면
고향집 느티나무 아래 이웃 모이듯
바틱의 남국색으로 갈아입은 얼굴들은
반짝이는 민들레가 된다

하늘 구석구석에 박혀
어느새 별빛처럼
마른 가슴팍에 뿌리 내린다

—「민들레 적도」 전문

인도네시아에 가보지 않았어도 상상이 되도록 잘 그려진 수채화 같은 풍경이다. 뜨거운 적도에서의 삶을 고스란히 화폭에다 옮겨 담았다. 지독한 향수병 같은 열병으로 아파하기도 했고, 그렇게도 가슴 들뜨게 하던 석양의 야자수마저 속 빈 대궁처럼 멍하니 서 있는 무심한 화석이 되어버린다. 그 세월이 지나고서야 한 편의 시를 만들어냈다. 민들레는 세상에 흔하다. 그리고 민들레 씨앗은 자유한다. 바람에 날리면서 어느 곳에서든 뿌리 내릴 준비를 하고 있는 것이 민들레이다. 이방의 나라에서 만난 민들레는 시인에게 지금 내가 서 있는 곳이 고국과 다를 바 없다고 생각했을 것이고 그러면서도 고국이 사뭇 그리웠을 것이다. 그렇게 그는 그리움들을 시로 승화시켜 적도의 어느 땅에 뿌리내리게 하였다.

이태복의 시는 간결하다. 간결하다는 것은 우선 시의 분량이 짧다. 그리고 사용하는 시어도 일상적 언어로써 그 스스로도 '순한 언어' 라 하였다. 이 대목에서 간결한 언어의 백미를 보여주고 있다. 그렇다고 그의 시를 속전속결로 읽었다간 시의 참맛을 놓치기 쉽다. 우선 눈에 띄는 시들이 「저빠라 개구리」, 「양파의 진실」, 「깡통」, 「흔적1, 2」 등이다. 그 중 한 편을 골라 보았다.

바닥까지 눌어붙은
생의 누룽지를 끓인 듯

진하지 않은 향기지만
머그컵 가득히

잘나지 않은
아버지 향기를 우려냈다

—「커피부북」 전문

분량이 짧다고 해서 감동이 없다거나 시의 요소를 갖추지 못했다고 할 수 없다. 오히려 짧고 간결한 일상의 시어들이 삶을 관조할 때, 우리는 이것이 '시의 맛이구나!' 라며 공감의 찬사를 보내는 것이다. 전체가 6행으로 구성된 짧은 시, 「커피부북」에서 우리는 시인의 직관에 무릎을 '딱' 치지 않을 수 없다. 「커피부북」은 인도네시아 사람들이 전통적인 방식으로 마시는 커피라고 설명을 붙이고 있다. 그래도 독자는 그 맛을 알 길이 없으니 '누룽지를 끓인 맛' 으로 소개한다. 커피에서 누룽지 맛이 날까? 이때 누룽지는 보통의 누룽지이기보다는 '바닥까지 눌러 붙은 생의 누룽지' 라며 보다 자세히 기술한다. 생의 바닥까지 탕진해본 사람이라야 그 누룽지 맛을 알까? 그리고 극명한 마무리로 우리의 통점을 관통한다. '잘나지 않은/아버지 향기를 우려냈다'

Ⅲ.

시에는 시적 대상이 등장하게 된다. 이태복의 시에서 제재는 단연 '인도네시아' 다. 생소한 사물의 이름들은 주석까지 모두 읽어야만 그 실체에 다가설 수 있다. 하지만 그가 바라보는 대상은 이름만 낯설 뿐 고국이나 다를 바 없다. 일상적 사물에서 시작한 사유를 끝까지 놓치지 않는 집요함에서 세상을 향한 그의 사랑을 엿볼 수 있다. 이는 '시 쓰기' 가 곧 자기성찰의 한 과정이라는 말과도 일맥하며, 사물을 통해 존재론적 자신을 고스란히 드러내는 것이다. 그리고 그 속에는 가족의 모습이 녹아 있다. 이국의 가족을 바라보기도 하고, 기억 속 화자의 가족을 찾아 그리움과 사랑의 정서로 재구성하기도 한다.

우리의 정체성은 축척된 기억에서 찾는다. 개인의 몸 속에 저장된 기억은 한 개인이 세계를 살아가는 방식을 결정하게 된다. '가족' 이 바로 '나' 의 존재의 근원인 이유를 여기에서 찾을 수 있다. 또한 내 곁에 존재하는 배우자나 자녀는 현재의 삶을 구성하는 조건이자 그 삶을 내보이는 단초가 된다. 그러므로 시에서 '가족' 은 시인이 지금 당면한 고민이 무엇이고, 부딪히는 실제가 무엇인지를 사실적으로 드러낼 수 있는 대상이 된다. 2부에 수록된 시들이 그러하다.

사는 맛이 새롭다
때론 생파처럼
짙은 사람의 향기 싫어서 멀리
갔다가도 슬며시 그리워지는 세월은
미운 정도 고맙다

—「사는 맛이 새롭다」에서

조잘 조잘 행복주머니가 터졌다 시끌벅적 새소리에 잠을 깬다 벌써 중천인가? 살짝 따가운 당사실 같은 햇살이 온 방을 가득 채웠다. 이불에 감긴 채 햇살에 쏘인 아내는 실눈을 떴다 콧날에 흘러내리는 음표들 귀는 미소가 사인된 입꼬리를 당기고 기지개를 켰다 하얀 팔이 만세를 부르며 하프의 현을 만들었다 티 없는 얼굴 호접난의 화사함이 무색하다

—「아내가 있어 행복한 아침」에서

시간은 멈추고
적도에 없는 적막이 생기면
바람소리 쓰르라미 멀리 뱃고동 소리
이제야 볼륨을 높여온다
비까지 주절주절 내리는 밤
둥굴레차 끓이면
차 맛보다 진한 정이 마블링 되어 찻잔에 스미고
실눈 뜨듯 마음 문이 열린다

말소리로 정을 우려내나 보다
차 한 잔에 마음을 담아 주고받으면
오감으로 느끼는 가족의 정이
손끝의 따뜻한 찻잔에서

가슴으로 옮겨온다

―「정전停電」에서

정전이 된 어느 날 밤, 이제껏 들리지 않던 뱃고동 소리도, 내리는 빗물 소리도 더욱 또렷이 들리리라. 이 소리의 옆에는 가족들이 있다. 깜깜한 밤, 감각만으로 우려내는 둥굴레차는 가족들의 마음 문을 절로 열게 하였다. 그리고 대화를 나누면서 시인은 압점을 짚어낸다. '말소리로 정을 우려내나 보다' 라는 평범한 시구가 이방의 낯선 언어 속에서 더 크게 울린다. 외국어로 생활하면서 느끼는 모국어의 절심함을 가족의 울타리 안에서 공유함으로서 '나' 가 존재하게 되는 것이다. 일상의 행복은 일상에 대한 감사에서 다가온다. 당사실 같은 햇살이 온 방을 가득 채웠고 옆에는 호접난의 화사함이 무색하다. 사는 맛이 새로운 것이다.

어머니에 대한 시도 여럿 보인다. 시 속의 어머니는 시인 자신의 기억 속 어머니이면서 보편적 정서인 인류의 어머니를 노래하고 있다. 이는 「적도의 어버이날」에서 '당신의 어머니로 태어나고 싶습니다' 고 진술한 부분에서 엿볼 수 있다. 아울러 이방에서 겪는 명절 때 마다 어머니를 소재로 시를 남기며 꽃가루 분말 같은 그리움들을 뿌리고 있다.

어무이요! 잘 있능교?
지는 잘 있어예
보고 싶심더

벌써
내일이 섣달그믐

달력을 넘깁니더

야자수에 걸린 달이
쪼맨해졌네예

적도의 달
오늘따라 왜 이리
시리게 느껴지는가예

―「남국의 선달」 전문

인용시 「남국의 선달」에서 이태복은 시의 존재론에 대한 확실한 답을 내리고 있다. 같은 시라도 언제, 어디서, 어떻게 읽느냐에 따라 시가 주는 감동은 천차만별이다. 달리는 차안에서 듣는 한 줄의 시도 있겠고 인생의 길이 꽉 막혔을 때, 문득 집어드는 시집도 있을 것이다. 더러 화장실에 앉아 있는 짧은 순간마저 시의 감동은 포기하지 않는다. 이태복의 시가 그러하다. '어무이요! 잘 있능교?/지는 잘 있어예/보고 싶심더' 시의 언어라기보다는 생활의 안부를 묻는 말이다. 하지만 배경이 달라진다. 오천 킬로 너머 두고 온 어머니에게 안개 같은 수화음으로 타고 흐르는 소리의 신호로 우리는 서로의 존재를 확인하고 안위한다. 밥은 잘 먹고 사느냐고 물었을 것이며, 언제 고국에 오냐고도 또 묻고 또 확인할 것이다. 그래서 더 보고 싶은 어머니가 아니던가? 후일 전해 들은 바는, 이 시는 작년 추석 무렵 안산에서 열린 인도네시아 노동자 위문공연 때 이태복 시인이 직접 인도네시아어로 낭송하였고, 객석에 있던 많은 인도네시아인들이 눈물을 흘리며 모국에 있는 어머니를 그리워했다고 한다. 한국에 있는 어머니를 두고 쓴 시가 아이러니하게도 인도네시아인을 울렸으니, '시' 가 가지고 있는 서정의 힘이 인종과 국가의 범주를 이미 넘어섰다는 것을 짧은 이 한 편의 시가 입증한 셈이다.

나와 가족을 통한 존재론적 시 쓰기가 1부와 2부의 시들이라면 3부에서는 한걸음 더 나아가 타자의 존재를 통해 자신을 돌아보고 있다. 이는 '타자' 가 자신의 존재의 거울이라는 인식이 그 시발점이다. 고장난 샤워기 꼭지를 누군가 갈아 놓았다. '누가 샤워기 꼭지를 갈았을까' 라는 의문은 너무나도 뻔한 대답이 나올 것이다. 하지만 이태복은 이 뻔한 물음과 대답에서 시를 포착한다. 그리고 감사와 행복을 주저 않는다. 그러면서 우주를 한바퀴 돌아야 하는 물음을 던진다.

고장 난 샤워기 꼭지
누가 갈아 놓았다

질질 새며 방황하는 마음을 고친 듯
힘찬 물줄기가 쏟아져 내린다
감사와 행복
물 되어 온 몸을 감싸 흘러내린다

개운한 몸 상쾌한 아침

작은 감사, 큰 행복

누가?
꼭지를 갈았을까
이 집을 주었을까
이 세상을 주었을까
나를 세상에 보냈을까?

누가?

—「누가?」 전문

Ⅳ.

4부에서도 이태복은 인도네시아를 그린다. 그가 처음 만난 인도네시아는 어떠했을까? 연초록의 땅이라고 시에서 일관되게 묘사하고 있다. 그가 만난 연초록의 인도네시아에서 그가 가지고 간 고국의 정서를 발견했을 것이다. 그때의 경이로움은 또 어떠했을까? 그리고 그는 인도네시아를 알아가기 시작한다. 연작시 자바 풍경 외 4부에 수록된 시들이 그러하다. 수많은 도시의 이름들이 등장한다. 멀리 북쪽의 수마트라에서 세계문화유산 도시인 족자카르타, 그리고 자바섬, 발리, 롬복, 동쪽으로 플로레스, 티모르까지 여행하였다. 그렇다고 그가 인도네시아를 소개하려고 시를 쓴 것은 아닐 것이다. 새로운 땅, 미지의 섬들을 직접 보고 느끼며 함께 호흡하고 싶었을 테고, 이는 가보지 않고서는 해낼 수 없다는 것을 당연하기 알기 때문이다. 그는 시를 통해 새로운 인도네시아를 만났고 또 만날 때마다 이를 시로 남겼으니, 이태복은 태생이 시인임이 분명하다. 우선 눈에 들어오는 몇 장면들을 살펴보자.

고향의 봄 양지 담벼락에서
당사실처럼 간지럽게 귓밥을 긁어 주던 어머님
자바의 토담집 평상에서 황혼의 아들을 기다리신다

—「자바풍경 1」에서

사랑 찾아 이역만리
자바의 에메랄드빛 바다에 눈길도 안주고
터질 듯한 가슴으로 달려온 마두라
짝사랑에 눈물 흘린 사내들이 몇이던가

—「마두라 유전」에서

자동차들은 도로를 따라
혈관을 누비듯 시골구석을 오가며
적혈구 같은 인심을 잡아먹었는지
시골집 사립문자리에 우뚝 선 철문, 들여다보니
커피부북 향기마저 갇혀있다

—「저빠라 회상」에서

이름 모를 새들이 아침이면 찾아와
늘 푸른 이야기 떨어뜨리면
이방의 섬시인,
롬복이야기로 엮어 갑니다
당신의 이야기를 훔치다

사랑에 빠졌습니다
당신은 사랑 도둑, 나도
당신의 사랑을
사랑합니다

— 「롬복에서」에서

선혈로 나뒹굴어진 사산도sasanado
유유한 다나의 강물
한 오백년을 피 되어 흐른다

열 손가락으로 뜯어
아프지 않은 곳 어딜까?
서른 두 갈래 찢어진 어부의 마음

— 「사산도sasando의 전설」에서

먼 여행을 하고 와서
너를 놓기로 했다

사랑해서 상처를 받았고
상처로 미워한 세월

지쳐서 잊기로 했지만
오랜 미련
버릴 수 없다

먼 여행을 하고 와서
너를 놓기로 했다

긴 여행을 새로이 떠나면서

—「땅그랑을 사랑하고」 전문

시의 대상으로 그려낸 인도네시아는 새롭다. 이 새로움이 시에서 큰 줄기가 되고 있다. 이태복은 스스로를 '사산'이라 한다. 思山이려니 짐작했으나 플로레스 지역의 전통 현악기 '사산도sasando'에서 가져왔다고 하니, 인도네시아에 대한 사랑이 지극하다. 그가 그리려고 하는 인도네시아는 어떤 모습일까? 시집의 마지막 시에서 답을 찾아보자.

꼬떼까든 힙합 바지든 제멋대로 걸치고 퍼질러 앉아 손으로 밥 먹어도 괜찮다
한 손에 돌도끼와 스마트 폰을 들고서 캘린더를 안 봐도 괜찮다

인도네시아!
평화는 아름답다는 믿음이 강한 나라
상생의 이념 빤짜실라가 벼릿줄인 나라
색과 색이 어우러져 아름다운 그림을 그려내고
말과 말이 어우러져 오케스트라가 연주되는 나라

이리안자야, 술라웨시, 칼리만탄, 자바 그리고 수마트라
오색 무지개를 또 다른 섬들의 색과 함께 팔레트에 짜서 작품을 그려간다

베짝과 벤츠가 거닐며 얘기하고 족자카르타의 말리요보루

와 자카르타 수디르만, 플로레스의 이름 모를 시장에서
역사가 우려낸 색깔의 물감을 사서 인도양 대서양 태평양에 풀고

인도네시아
빤짜실라 캔버스에 불멸의 그림을 그린다
동서고금의 화풍이 두드러지고 섬보다 많은 전설이 서려진 그림

인도네시아!
용암같이 흐르는 평화의 거대한 쓰나미
역류는 없다

—「인도네시아를 그리다」 전문

이태복은 스스로를 '아웃사이더 예술가'라 한다. 이는 고국을 떠나온 지 너무 오래된 세월이라 주류의 예술과는 다르다는 의미일 수도 있겠고, 전업 예술가와는 달리 혼자서 시나, 그림을 터득했다는 암시일 수도 있겠다. 삼십대 초반의 청년이 고국을 떠나 인도네시아에서 다시 이십여 년이 넘는 세월을 보내고서야 한 권의 시집을 세상에 내놓는다. 젊은 시절 밥벌이 하느라 경제활동에 소진하고 늦은 시점에서 못 이룬 꿈을 부여잡은 애절한 안타까움도 이 시집에는 분명 담겨있다. 또 무르익지 못한 사유도 있을 수 있다. 그러나 언어의 직조를 통해 담아내는 시의 세계는 어설플수록 순수하고 맑다. 하여, 이번 시집을 토대로 그에게 당당한 시인의 삶을 권한다.

시집 안으로 들어온 인도네시아는 그에게 첫 시집 만큼이나 소중한 꿈과 희망의 무대일 것이다. 시집 발간 이후, 인도네시아의 시인과 함께 수록된 대부분의 시를 인도네시아어로 번역하여 공동 시집을 발간할 계획이라고 전해왔다. 의미 있는 일에 힘찬 박수를 보낸다. 이렇게 하나씩 연초록의 땅에 심어둔 이태복의 서정이 후일 큰 그늘을 만들고 무수한 시의 열매를 거둘 것임을 확신한다. 그가 꿈을 찾아 떠난 생의 긴 여행도 역류는 없다.